쓰여진 시간 8 : 39

과거로부터 이어진 현재를 써 내려간 시간

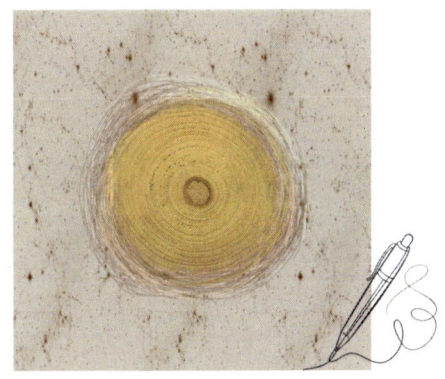

전진홍 지음

색안경

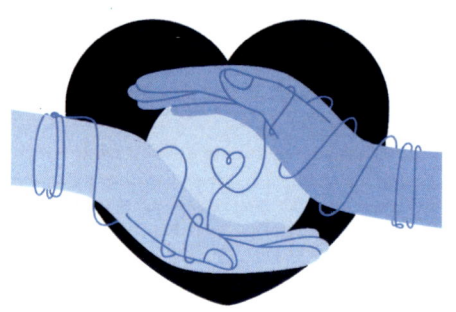

PROLOGUE

# 쓰여진 시간 4 : 39

과거에서 이어온 기억부터
현재를 경험하는 시간 속 유영을
'시'라는 도구를 이용하여
환원해 보고자 한다.
처음에 100편이라는 시를 쓴다면
얼마의 시간이 걸릴까?
얼마의 정성이 들어가야 할까?
곰곰이 생각하고 또 생각해봐도
내 마음의 표현이면 될 것을
괜하게 고민할 필요가 없었다.
누군가에게 주어질 그 순간만
희열이 교차되는 그 순간만 생각한다면
그 시간까지 가는 시간 여정이
내게는 곧 또 다른 행복이니까...

**CONTENTS**

# 1

제 1편  00 : 00

제 2편  04 : 12

제 3편  11 : 09

제 4편  13 : 34

제 5편  16 : 51

제 6편  22 : 17

제 7편  25 : 22

제 8편  26 : 19

제 9편  31 : 05

| | |
|---|---|
| 제 10편 | 34 : 29 |
| 제 11편 | 39 : 11 |
| 제 12편 | 42 : 10 |
| 제 13편 | 51 : 11 |
| 제 14편 | 51 : 22 |
| 제 15편 | 56 : 30 |
| 제 16편 | 58 : 00 |
| 제 17편 | 1 : 03 : 01 |
| 제 18편 | 1 : 08 : 44 |
| 제 19편 | 1 : 12 : 33 |

1편
# 00 : 00

처음 본 새로운 것에 대한
신선함과
놀라움을
압도했던 그 시간이
영원히 잊혀지지 않을 기억은
내가 받은 선물

세상이 가진 아름다움과 비교?
압도적인 아름다움에 무례하다.

그냥 먼발치에서 지켜보는
압도적인 아름다움에
나의 눈을 살포시 얹히며
가슴설레는 하루를 보낸다
다음 만남은 언제쯤이려나..

2편
# 4 : 12

돌아가는 바람개비처럼
흩날리는 꽃잎의 소용돌이처럼
코트 끝자락이 휘리리릭 돈다.

코트 자락이 휘날리는 순간
공간에 일렁이는 공기는
아름다운 향으로 바뀌어
콧내음을 맡는 이의 가슴을
뛰게 만든다.

.

.

압도적인 아름다움이
앞에 앉아 올려다본다.

뛰는 심장 소리
왜 이렇게 큰 건지...

3편
# 11 : 09

언제오려나
언제보려나
가끔생각나
내려본거리

사람들속에
섞여있으면
좋겠단생각

몇만번해도
부족하다고
나는생각해

묻고싶었어
언제쯤내게
나타날꺼야

4편
# 13 : 34

문뜩 떨리는 손가락으로
누른 SNS 문장하나가
나를 이렇게 떨리게 하는거야?

그냥 나를 압도하는
아름다움에 대한 동경은
무엇을 해도
무엇을 하고 있어도
무엇을 했어도
계속 머릿속을 휘저어.

그냥 보고 싶었던 내 눈은
그냥 보고 싶었던 내 맘은
그냥 내게 간다고 말 하고
싶은 나의 가슴속 音 이야

5편
# 16 : 51

아름다움에 걸쳐진
흰색의 블라우스보다
더 하얗게 빛나고 있는
아름다운 너의 얼굴에
해바라기가 돼버렸네

해바라기의 마음을 이해하라면
충분히 이해할 만큼
눈을 뗄 수가 없었어
과거의 시작에서도
중간의 과도기에도
현재의 진행형에도
나는 너의 해바라기

6편
# 22 : 17

웃는다
살포시

이쁜데
상냥해
천사가
온건가

빛나는
눈동자
한곳에
머물러
나만봐

7편
# 25 : 22

좋아해

좋아해

좋아해

좋아해

좋아해

좋아해

좋아해

좋아해

좋아해

좋아해

좋아해

좋아해

좋아해

이말이 가장하고 싶어.

8편
# 26 : 19

함께 해온 시간
기억 나는 순간
잊지 않을 모습
사랑 해준 기억

소중 하다 할까

내일 다시 오는
시간 속의 순간
손을 잡은 채로
함께 있고 싶어

너와 함께 말야

9편
# 31 : 05

한 달이라는 시간이 너무 괴로웠어
어제도 보고싶고
오늘도 보고싶고
내일도 보고싶고
그런데 한 달이라니

내가 신이라면 한 달이라는 시간을
두 주먹으로 압축시켜
1시간마다 반복되도록
아니 5초마다 반복되도록
만들고 싶어

왜 1초가 아니라 5초인지 궁금해?
그래도 사랑한단 말은 해야지...

10편
# 34 : 29

처음 서로의 심장 소리를 듣던 거리에서
나를 바라보는
아름다운 눈 한 쌍
너무 압도적으로 이기적이다.

압도적인 이기적인 아름다움은
주변을 회색빛으로 변하게 하고
자신은 다채롭게 빛나게 하네.

그 압도적인 아름다움을 마주한
다른 눈 속, 검은색 동공
여러 색깔로 물들여지고
주변은 회색빛이 되는구나.

11편

# 39 : 11

언제부터일까

기억은 정확히 나지 않지만
마음이 전해지는 매 순간이
기다려지기 시작한 건

그거 알아
기다리는 마음이
얼마나 떨리는지
작든
크든
크기에 상관없이
기다리게 만들어

12편
# 42 : 10

슈크림 빵 속에 들어있는
노란색 크림은 사랑이다

모를 수도 있고
알 수도 있지만
슈크림 빵 속의 부드러움은
사랑할 때 느끼는
피부의 부드러움 같고

슈크림 빵 속의 달콤함은
사랑할 때 느끼는
달달한 말 같다.

하지만 더 소중한 건
슈크림에서 너의 향이
전해져...

13편

# 51 : 11

알고나서 부터
이쁜말만 나와

알고나서 부터
여유부려 내가

알고나서 부터
좋아졌어 너가

14편
# 51 : 22

힘들 때만 찾는
이야기 상대가
이젠 필요 없어졌어

세상 누구보다
너랑만
니캉 내캉 하면서
얘기하고 싶어

들어주고 싶고
이쁘다고 말하고 싶고
좋은 얘기만 계속 해주고 싶어

그래서 너가 보고 싶은 거야

15편

# 56 : 30

눈에 씌운 콩깍지가
몇 개인지 알아

백 개
천 개
만 개
.
.
.

세다 세다
못셀 만큼
너무 많아
.
.

이래서 딴곳을
볼 수 없나봐

16편
# 58 : 00

**라**디오를 켜지 않아도
노래가 흥얼거려져


사랑하면 부르게 된다는
자작 노래들은
기억도 안 나지만


**쿠**션, 부드럽지
하지만 손댄 가슴 위처럼
따뜻한 체온을
느낄 수는 없어


**나**만 느끼고 싶어
너의 체온, 너의 물결

17편

# 1 : 03 : 01

걸려온 전화에
사랑해 말못해
서운해 말못해
좋아해 말못해

끝없는 기다림
안지쳐 괜찮아
언젠간 내옆에
있겠지 그렇지

매순간 그순간
오기를 기다린
한남자 한여자
정말로 영원히

18편
# 1 : 08 : 44

걸려온 전화에
설레는 가슴속
말들은 못꺼내

왜그래 말해봐
속삭인 달콤함
더크게 말해줘

달달한 목소리
말라간 머리속
이제는 촉촉한
목소리 말해줘

나에게 필요해
너에게 필요해
서로의 목소리

19편
# 1 : 12 : 33

한여름의 밤
함께 산책 나온
길다란 지룡(地龍)

노란 방 앞 마루에 걸터앉은
청와(鼃)

귀에 걸쳐진 내 사랑
지룡(地龍)의 참견에도
청 와(鼃)의 눈치에도
아랑곳없는 내 마음
그대에게 전해져
어제에 오늘의 여운을 더하네

# CONTENTS

# 2

제 20편  1 : 19 : 09

제 21편  1 : 21 : 29

제 22편  1 : 23 : 33

제 23편  1 : 26 : 40

제 24편  1 : 29 : 55

제 25편  1 : 35 : 23

제 26편  1 : 41 : 44

제 27편  1 : 46 : 22

제 28편  1 : 49 : 08

제 29편  1 : 52 : 18

제 30편  2 : 34 : 18

제 31편  2 : 58 : 22

제 32편  3 : 02 : 48

제 33편  3 : 43 : 22

제 34편  3 : 49 : 02

제 35편  4 : 29 : 33

제 36편  7 : 07 : 07

제 37편  7 : 29 : 43

제 38편  7 : 44 : 42

제 39편  8 : 24 : 32

제 40편  8 : 24 : 32

20편
# 1 : 19 : 09

tkfkdgo

tkfkdgo

tkfkdgkskerh

aucqjsdlrh dOrgkfrjdi

tkfkdgksekrh akfgoTdj

qhstnsrks QKwuemfdjrk

rmEoqnxj sjf whgdkgoTdj

rmflrh

wlrmaeh whgdkgo

.

.

.

.

**마음의 번역기 필요하지 않아?**

21편
# 1 : 21 : 29

나에게 서운해

하지만 사랑해


너에게 서운해

하지만 사랑해


모든게 서운해

그래도 사랑해


영원히 서운해

영원히 사랑해

22편
# 1 : 23 : 33

사랑 시 하나 적으면
압도적으로 아름답다 한 말이
증명될까 여러 글 적지만
결국은 말이 필요없어
그냥 현실이 아름답고
그냥 현실이 이쁜것을

아름다움 끝에 아름다움이
또 있어
아름다워..

그 이쁘고 아름다움에 취해
수백 수천 수만 얘기해도
지치지 않아
계속해 줄게

23편
# 1 : 26 : 40

가끔은 내게로 오라고 한다
가끔은 내게만 있으라 한다


하지만 내게서 떠나가 있다
하지만 내게로 오려고 한다


있으라 붙잡고 싶지만 안돼
있어도 되지만 시간이 되면


우리는 신데렐라 마차를 타고
우리는 돌림노래 음계표 처럼


제자리 제자리 제자리 가네

## 24편
# 1 : 29 : 55

비 오는 날 널 가린
초록색 도마뱀 동굴 앞 우산 속에
서 있는 나를
바람도 불지 않는 빗속에서
춤추게 하네

조금 더 가까이 가고 싶어서
조금 더 가까이 있고 싶어서
가린 우산 속 사이로 들어가지만
어느샌가 다가온
초록색 도마뱀 입속으로
삼켜져 버리네

저 멀리 가버린 초록색 도마뱀
등 뒤로 너를 향한 아쉬움만 남아

25편
# 1 : 35 : 23

빠아알간 의자에 앉아 있어


흰 피부색 짐승 한 마리

긴 생머리 토끼 한 마리


두렵지 않은 토끼

무섭지 않은 짐승


빛나는 화면 속 영상보다

토끼의 빨간 눈이 더 좋아

짐승이 흘린 침이 더 멋져


먹이사슬 먹이그물 속

짐승과 토끼 이대로 괜찮을까

26편
# 1 : 41 : 44

거친 짐승의 움직임
뜨건 입김의 거친말
많은 내뱉는 말들에
마구 떨리는 손가락

일호 시작한 순간에
이호 잠깐한 여행기
삼호 허파가 디비져
사호 이러면 어떡해
오호 죽도록 할거야
육호 영원히 할거야

27편
# 1 : 46 : 22

검은 천에 감싸인

수많은 흰 알갱이들

다채로운 꼬챙이들과

어우러져 맛과 향을 더하네


오로라

소라

소풍

싸다

얌샘

정성한 줄


그보다 더한 건

너를 뒤에서

허그하는 것

28편
# 1 : 49 : 08

맑은 날 전해진 시원한 아아 한잔
비 온 날 전해진 따뜻한 뜨아 한잔

시원해도 내 마음 녹일 수 없고
뜨거워도 내 마음보다 뜨겁지 않아

29편
# 1 : 52 : 18

**전지현**

**한가인**

**한지민**

**김희선**

**제니**

**김연아**

**클레오파트라**

**테일러스위프트**

.

.

.

.

**이길 수 없어**

**압도적인 아름다움을**

**가진 사람은**

### 30편
# 2 : 34 : 18

참 이쁜 사람에게 하고 싶은 말 한마디는
어쩜 매번 그리 같은데
항상 말하는 사람이
기분 좋은지 모르겠습니다.

사람이 사람에게 기쁨을 전해주는 일도
사람에게 사람이 기쁨을 받는 일도
모두가 같은 것일 텐데...

항상 같은 마음으로
항상 같은 생각으로
그대 생각 해보는건
오늘 마음 속 재산에
더하고 곱하고 있는 건지도
모르겠습니다.

31편
# 2 : 58 : 22

너의 얼굴을 그려보는
도화지 색깔은 세 종류이다.


푸른 하늘 도화지에 그려보는
포카리스웨트 모델 같은 느낌.


흰 뭉게구름으로 다양하게
표현하는 너의 생각들.


검은 도화지에 찍는 흰 물감의 크기는
그때 그때
너를 향한 내 마음이겠지.


그거 알아? 별들의 크기가
점점 더 커지고 있다는 것을

32편
# 3 : 02 : 48

시간이 가면 변하는 것들이
많아지는 건 무슨 이유일까?

바램
관계
이해
고민

엉켜진 모든 것의 소용돌이에
휘감기는 느낌은
나의 감정을 소모시키고
나의 피부를 단단하게 해

더 시간이 지나면 쓸모없이
잊혀져 갈 것들에 대해
오늘도 치열해지는 건 왜일까?

33편

# 3 : 43 : 22

겨울

봄

여름

가을

순서

상관

있나


과거와

현재와

미래의

시간도

지금과

똑같은

반복될

뿐인걸

34편
# 3 : 49 : 02

좋아서 좋은걸 어떡해
이뻐서 이쁘다 말할건
당연한 진실일 뿐이야

몇번을 말해도 좋은건
정말로 진심인 가슴속
뜨거운 마음이 닿아서

내사랑 내마음 전달해
영원한 행복을 선물해

### 35편
# 4 : 29 : 33

그의 눈빛 속에 비친 내 모습,
마치 꽃잎 위에 내려앉은 이슬 같아.

사랑의 온기로 나를 감싸주니,
나는 더욱 빛나는 존재가 된다.

그의 손길이 내 뺨을 스칠 때마다,
마음 깊은 곳에서 따뜻함이 번져온다.

세상은 잠시 멈춘 듯,
오직 우리 둘만의 시간이 흐른다.

그가 내 이름을 부를 때마다,
달콤한 멜로디가 귓가에 울린다.

## 35편
# 4 : 29 : 33

사랑의 속삭임 속에서,
나는 무한한 행복을 느낀다.
그의 품에 안길 때마다,
마치 세상이 나를 보호해 주는 것 같아.

안전함과 평온함 속에서,
나는 진정한 나 자신이 된다.
그의 사랑은 나를 완성시키고,
내 마음의 모든 결을 부드럽게 어루만진다.

그가 나를 사랑해 주는 이 순간들,
영원히 간직하고 싶은 꿈같은 시간들.

사랑은 나를 더욱 빛나게 하고,
나는 그의 사랑 속에서
피어나는 꽃이 된다

36편
# 7 : 07 : 07

처음 너를 봤을 때,
내 심장이 두근거렸어.
순간 눈앞에 펼쳐진
새로운 세상 속
눈앞에 보인 너의 미소는
무엇보다 아름다웠어.
너의 미소 한 번에 흔들린 내 마음.

모든 게 달라졌어,
사랑이란 걸 알게 되었고,
눈을 마주칠 때마다,
숨이 멎는 것 같았어.
너와 함께라면,
무엇이든 할 수 있을 것 같았어.

그 순간, 나는 깨달았어,
이게 바로 사랑이구나.
단순하지만 분명한,
내 삶을 바꾼 그 느낌.

37편

# 7 : 29 : 43

오십 년의 시간 속에서 느껴보지 못한
뜨거움이 내 가슴을 뛰게 한다.
청춘일 때보다 더 뜨거워진 불꽃으로
마음을 태우며 주위를 더 밝힌다.
함께 걸었던 보도블록 위에서
우리의 발걸음이 맞춰지던 순간들을 기억한다.
고운 주름이 얽힌 당신의 미소 속에서,
여전히 나는, 젊음을 느낀다.
시간이 변하게 한 건 외모뿐이지만,
변하지 않는 것은 당신과 나의 사랑.
강한 햇살 속에 반짝인 눈동자 속에
들어있는 나의 세상 이야기들.
즐거움과 고마움과 힘들었던 시간에서
서로가 손을 놓지 않았던 그 마음.
지금도 당신을 사랑하는 마음은,
젊은 날의 그 설렘보다도 더 깊고 진하다.
이제 우리가 나누는 한층 더 성숙한 사랑은
흐르는 시간 속에서도 불변의 사랑,
당신과 함께한 모든 순간들이
내 인생의 가장 빛나는 보석이다.

### 38편
# 7 : 44 : 42

여행을 떠나는 너의 발걸음이 멀어지고,
문이 닫힌 뒤, 집안은 조용히 울었다.
너 없는 공간은 왜 이렇게 넓은지...

창가에 앉아,
너와 함께 보았던 풍경을 바라보며 떠올리고
여전히 따스한 햇살은 나에게 비추지만
너 없는 공간의 내 마음은 쓸쓸함으로 가득하다.
너의 웃음소리가 사라진 방은
고요함 속에서 나는 길을 잃게 하고,
너의 향기가 남아 있는 이곳에 서 있는
나는 그리움에 몸을 맡긴다.

하루하루가 길게 느껴지고, 시간은 더디게 흘러간다.
너와 함께했던 순간들이 눈앞에 아른거린다.
너의 빈자리가 커져만 가고, 내 마음은 점점 무거워진다.
너 없는 세상은 무채색, 너라는 색이 사라진 그림 같다.

돌아올 너를 기다리며, 나는 오늘도 창가에 앉아,
너를 그리워한다.
쓸쓸함 속에서도, 사랑은 여전히 깊어만 간다.

### 39편
# 8 : 24 : 32

여름날, 뜨겁던 더운 한 낮에
카페에서 포장해 온 빙수를 꺼낸 너와 나,
마주 앉아 팥빙수를 나눠 먹던 그날,
하얀 얼음 위에 얹힌 붉은 팥과
달콤한 연유의 부드러움과 달콤함이
우리를 미소 짓게 했어.

너의 눈이 반짝이며
숟가락으로 한 입 떠줄 때,
나는 그 순간이 영원했으면 했던 거 알아?
시원한 얼음이 입안에서 녹으며
퍼지는 달콤함보다 너의 웃음소리가
팥빙수보다 더 달콤하게 느껴졌어.
한 입, 또 한 입,
우리의 이야기도 차곡차곡 쌓여갔지.
햇살이 비치는 창가에서,
우리는 여름의 한가운데서
서로의 눈을 바라보며 행복을 맛보았어.

우리의 사랑을 더욱 깊게 한
달콤하고 시원한 기억이었지.

40편
# 8 : 24 : 32

잔잔한 호수처럼 깊어진 눈빛 속에
어른거리는 당신의 따뜻한 미소
세월의 흔적이 새겨진 손등 위로
포근히 감싸주던 그날의 온기가
문득, 사무치는 그리움으로 밀려옵니다.

함께 걸었던 숱한 시간의 조각들
때로는 웃음으로, 때로는 눈물로 채워진
빛바랜 사진첩처럼 아련한 추억들이
가슴 한켠에 뭉클한 파도를 일으킵니다.

오늘따라 더욱 짙어진 저녁노을 아래
당신을 향한 간절한 마음 홀로 띄워 보냅니다.
언젠가 다시 마주할 그날을 기다리며
오늘도 이렇게 당신을, 보고 싶어 합니다.

## CONTENTS

# 3

제 41편           8 : 24 : 32

제 42편           9 : 22 : 26


제 43편           9 : 22 : 26

빨라진 심장박동     9 : 22 : 26

41편

# 8 : 24 : 32

마트로 걸어가는 너의 뒷모습을 바라보는
나의 마음이 잠시 아파오네.
햇살이 강한 날, 무더운 날
채워진 장바구니를
너의 작은 어깨 위에 걸은 상상은
고스란히 상상 속에서 느끼게 돼.
갑자기 싫네
내가 대신 할 수 있다면,
너의 미소를 지키기 위해,
나의 손을 빌려주고 싶은데..
너의 수고를 덜어주고 싶은데..

매일 이렇게 힘든 일을 하면서도,
늘 환한 얼굴로 나를 맞이하는 너
고마워.
노력이 빛을 발하기를,
마음속으로 간절히 바래주는
너의 사랑을 더욱 느끼게 돼.
오늘도 나의 피곤함을 잊게 해주는
따뜻한 포옹으로
너의 사랑에 답할게.

42편
# 9 : 22 : 26

아침 햇살이 부드럽게
거실 창가를 비출 때,
나는 커피 한 잔을 들고
조용히 창밖을 바라본다.

따뜻한 커피 향이
나를 감싸며,
고요한 이 순간에
마음은 평온해진다.

창밖의 세상은 여전히
분주하게 돌아가지만,
내 안의 시간은
잠시 멈춘 듯 고요하다.

거리의 사람들은
바쁘게 지나가고,
바람에 흔들리는 나무들,
그리고 그 너머의 하늘.

43편
# 9 : 22 : 26

이 작은 순간,
나는 나 자신과 마주하며
삶의 소중함을 느낀다.
일상의 소음 속에서도
이런 고요함이 있다는 것을.

커피 한 모금이
나의 마음을 따뜻하게 하고,
나는 오늘도
나를 사랑할 힘을 얻는다.

혼자 있는 이 시간이 외롭지만은 않다.
이 순간의 여유가
나를 더 강하게 만들어 준다.

밖을 바라보며, 나는 꿈을 꾸고
희망을 품는다.
오늘도 내일도
이 고요한 순간을
기억하며 살아간다.

44편
## 빨라진 심장박동

# 9 : 22 : 26

왜 이리
심장이 이렇게도 빨리 뛸까?

.

.

.

.

이러다 죽을 수도 있겠다는
생각이 드는 순간

.

.

.

마음에 품었던 욕심과
머릿속 가득히 채웠던
별스런 잡스런 일들이
내려져
멀어져
떠나가

# 쓰여진 시간 8:39

**전진홍 지음**

**제1판 2쇄 발행 |** 2025년 7월 4일

**펴낸이 |** 이은서

**펴낸곳 |** 색안경

**주소 |** 경기도 하남시 하남대로 830

**전화번호 |** 070-8098-0323

**전자우편 |** leeeunseo1211@naver.com

**등록 |** 제 2025-000034호

**디자인 |** 김나연
**ISBN |** 979-11-993134-8-4
**가격 |** 8,000원

ⓒ 전진홍 2025
이 책의 저작권은 저자에게 있으며, 무단 전재와 복제를 금합니다.